5 sencillos pasos para

GESTIONAR

TUS EMOCINOES

5 sencillos pasos para
GESTIONAR
tus EMOCINOES

Un diario guiado para ayudarte a rastrear, comprender y controlar tus emociones

Jacqui Letran

DUNEDIN, FLORIDA

Tabla de contenidos

INTRODUCCIÓN

¡Enhorabuena por haber dado este importante paso para comprender y tomar el control de tus emociones.!

El primer paso para realizar cualquier cambio significativo es tomar conciencia de los problemas que causan tus emociones negativas y tu infelicidad. A continuación, puedes crear resultados claros para tomar medidas.

Este diario se ha creado para ayudarte a conseguirlo.

La primera sección te ayudará a entender tus estados de ánimo mostrándote cuáles son tus sentimientos y reacciones actuales.

La segunda sección te ayudará a rastrear, analizar y controlar tus emociones durante 21 días. ¿Por qué 21 días? Las investigaciones demuestran que se necesitan 21 días de repetición para desarrollar hábitos nuevos, en este caso, tus nuevos y mejores sentimientos y reacciones. Al completar esta sección, desarrollarás una poderosa habilidad para ser consciente de tus emociones y tomar acciones positivas para ti.

La tercera sección le ayudará a utilizar los cinco sencillos pasos presentados en el libro para dejar ir cualquier emoción no deseada.

Te mereces ser feliz contigo misma y disfrutar de relaciones felices y saludables con los demás. ¡Hagámoslo realidad!

CÓMO UTILIZAR ESTE DIARIO

Antes de empezar el diario, asegúrese de leer el libro *5 sencillos pasos para gestionar tus emociones*. Es una lectura fácil que puedes terminar en unas pocas horas.

Es importante leer primero el libro porque las preguntas del diario tendrán más sentido cuando entiendas los conceptos que hay detrás de ellas. Tus respuestas también serán más rápidas y fluirán más fácilmente.

Una vez que estés lista para comenzar, vuelve a este diario y completa la Sección Uno: *Comprendiendo tu estado de ánimo*.

A partir del día siguiente, utiliza la Sección Dos: *Rastreando tu estado de ánimo*, para crear tu "intención de estado de ánimo" diario y hacer un seguimiento de tu progreso.

Puedes ir directamente a la Sección Tres: *Hazte cargo de tu estado de ánimo*, cada vez que tengas un desacuerdo con alguien o cuando quieras liberar cualquier emoción no deseada. Puedes utilizar las indicaciones para resolver un desacuerdo que hayas tenido con tus amigos, tu familia o incluso contigo misma.

Además, el borde de cada página del diario está diseñado con dibujos divertidos. Si te encuentras estresado o necesitas relajarte, colorear los bordes puede ser muy calmante y terapéutico. Sé creativa y diviértete.

ESTE DIARIO PERTENECE A:

Sección I:
Comprendiendo tu estado de ánimo

"Si no conquistas el yo, serás conquistado por el yo".

~ Napoleon Hill

Estas son las palabras que suelo utilizar para describir mis sentimientos no deseados:

....

....

....

....

....

De estos sentimientos, lo que más me cuesta es dejar ir............. porque...

....

....

....

....

....

....

1

Este tipo de situaciones suelen empujarme
a ese estado de ánimo:

....

....

....

....

....

....

Cuando me pongo en ese estado de ánimo,
a veces también siento...

....

....

....

....

....

Cuando surgen estos sentimientos, suelo reaccionar con...

....

....

....

....

....

....

....

Preferiría responder...

....

....

....

....

....

¿Qué palabras o frases puedo utilizar para
recordarme a mí misma que debo reaccionar
de la manera que quiero?

....

....

....

....

....

....

Para evitar que una emoción sea demasiado
fuerte, ¿qué otras palabras puedo utilizar
para describir mis sentimientos?

....

....

....

....

....

4

Estas cosas me hacen sonreír:

....

....

....

....

....

Estas son algunas formas de animarme:

....

....

....

....

....

....

**Cuando tengas un día difícil, vuelve
a esta página. Haz un par de cosas agradables
para ti y devuelve la sonrisa a tu cara.**

Sección 2:
Rastreando tu estado de ánimo

"Si tu felicidad depende de lo que hagan los demás, supongo que tienes un problema."

~ Richard Bach

Instrucciones

Bienvenida al rastreo de tus emociones por 21 días.

En esta sección nos centraremos en los capítulos uno y dos. Asegúrate de revisar estos capítulos si necesitas aclaraciones.

- Para empezar, observa las cuatro páginas siguientes para familiarizarte con las pautas de escritura.

- Durante los siguientes 21 días, comienza cada mañana decidiendo en qué sentimientos positivos quieres centrarte durante el día. Puedes elegir centrarte en un sentimiento diferente cada día o centrarte en un sentimiento durante varios días.

- Crea de 3 a 5 cosas que puedas hacer para lograr tus sentimientos deseados. Por ejemplo, eliges "Feliz" como tu sentimiento preferido.

- Aquí hay algunos ejemplos de las 5 acciones que podrías llevar a cabo:

  - Salir a pasear
  - Jugar con tu perro
  - Llamar a tu mejor amigo
  - Hornear galletas
  - Terminar un proyecto en el que has estado trabajando.

A continuación, piensa en algunas palabras o frases que puedas utilizar para calmarte y volver a centrar tu atención en los aspectos positivos de tu día. Las palabras pueden ser tan sencillas como "Detente", "Tranquila", "suficiente" o incluso palabras que tengan un significado especial para ti. Las frases pueden ser igualmente sencillas, como "déjalo pasar" o "mantente positiva".

A medida que avanza el día, completa los pasos de acción para crear el sentimiento deseado. Si te provoca algo (cualquier emoción negativa que no quieras tener), utiliza tus palabras o frases para recordar para volver a centrarte. También puedes ir a la página 7 y hacer un par de cosas que te resulten agradables.

Por la noche, revisa tu día y completa las preguntas restantes. ¿Fue un día bueno o difícil? ¿Por qué fue así? ¿Cómo te sentiste? ¿Qué podrías hacer para mejorar tu día?

Si has tenido un día terrible o te has encontrado con una situación que debes resolver, pasa a la sección tres y trabaja con las preguntas.

Recuerda que incluso cuando las cosas no van bien, puedes elegir cómo reaccionar.

Fecha ....

Hoy, quiero enfocarme en sentirme:

....

Mis 5 acciones principales para lograr el
sentimiento que deseo son:

....

....

....

....

....

Si me siento molesta, me recordaré a mí
misma que debo dejarlo pasar con las
siguientes palabras, frases o acciones:

....

....

....

He sido capaz de centrarme en los sentimientos que he elegido:

- ☐ La mayor parte del tiempo
- ☐ Alrededor del 50% del tiempo
- ☐ Algunas veces
- ☐ Hoy ha sido un verdadero reto

Hoy fue un buen día porque:

....

....

....

....

....

....

....

....

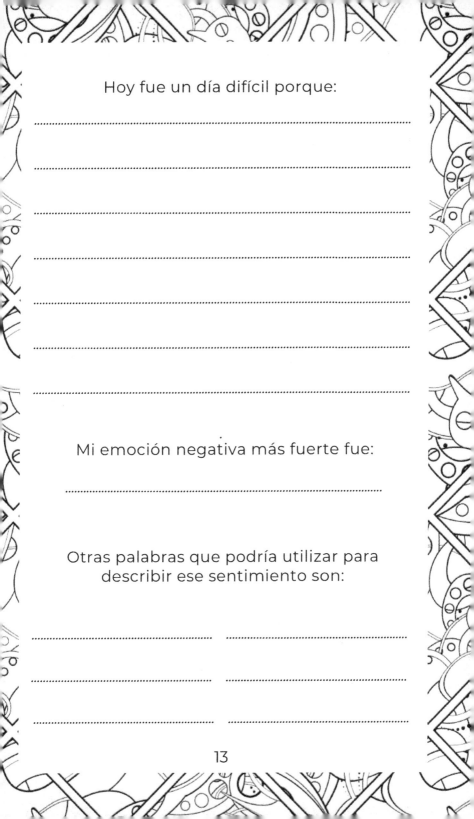

Hoy fue un día difícil porque:

....

....

....

....

....

....

....

Mi emoción negativa más fuerte fue:

....

Otras palabras que podría utilizar para describir ese sentimiento son:

....

....

....

Me sentí así por:

- [ ] Expectativas insatisfechas
- [ ] Mala comunicación
- [ ] Bloqueado intenciones

Me acordé de usar mis recordatorios hoy:

[ ] Sí [ ] No

Puedo hacer que el día de hoy sea aún mejor para mí si hago esto:

....

....

....

....

....

....

Fecha ....

Hoy, quiero enfocarme en sentirme:

....

Mis 5 acciones principales para lograr el
sentimiento que deseo son:

....

....

....

....

....

Si me siento molesta, me recordaré a mí
misma que debo dejarlo pasar con las
siguientes palabras, frases o acciones:

....

....

....

He sido capaz de centrarme en los sentimientos que he elegido:

☐ La mayor parte del tiempo

☐ Alrededor del 50% del tiempo

☐ Algunas veces

☐ Hoy ha sido un verdadero reto

Hoy fue un buen día porque:

....

....

....

....

....

....

....

....

....

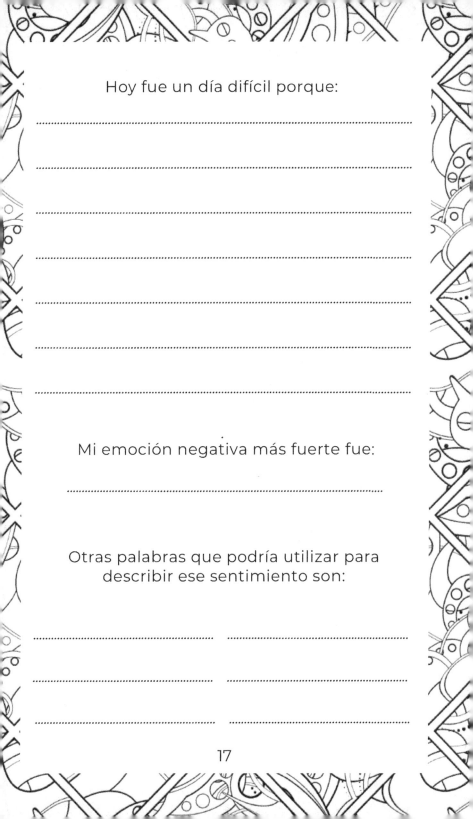

Hoy fue un día difícil porque:

....

....

....

....

....

....

....

Mi emoción negativa más fuerte fue:

....

Otras palabras que podría utilizar para describir ese sentimiento son:

....

....

....

Me sentí así por:

- ☐ Expectativas insatisfechas
- ☐ Mala comunicación
- ☐ Bloqueado intenciones

Me acordé de usar mis recordatorios hoy:

☐ Sí ☐ No

Puedo hacer que el día de hoy sea aún
mejor para mí si hago esto:

....

....

....

....

....

....

Fecha ....

Hoy, quiero enfocarme en sentirme:

....

Mis 5 acciones principales para lograr el
sentimiento que deseo son:

....

....

....

....

....

Si me siento molesta, me recordaré a mí
misma que debo dejarlo pasar con las
siguientes palabras, frases o acciones:

....

....

....

He sido capaz de centrarme en los sentimientos que he elegido:

☐ La mayor parte del tiempo

☐ Alrededor del 50% del tiempo

☐ Algunas veces

☐ Hoy ha sido un verdadero reto

Hoy fue un buen día porque:

....

....

....

....

....

....

....

....

Hoy fue un día difícil porque:

....

....

....

....

....

....

Mi emoción negativa más fuerte fue:

....

Otras palabras que podría utilizar para
describir ese sentimiento son:

....

....

....

Me sentí así por:

☐ Expectativas insatisfechas

☐ Mala comunicación

☐ Bloqueado intenciones

Me acordé de usar mis recordatorios hoy:

☐ Sí ☐ No

Puedo hacer que el día de hoy sea aún mejor para mí si hago esto:

....

....

....

....

....

....

....

Fecha ....

Hoy, quiero enfocarme en sentirme:

....

Mis 5 acciones principales para lograr el
sentimiento que deseo son:

....

....

....

....

....

Si me siento molesta, me recordaré a mí
misma que debo dejarlo pasar con las
siguientes palabras, frases o acciones:

....

....

....

He sido capaz de centrarme en los sentimientos que he elegido:

☐ La mayor parte del tiempo

☐ Alrededor del 50% del tiempo

☐ Algunas veces

☐ Hoy ha sido un verdadero reto

Hoy fue un buen día porque:

....

....

....

....

....

....

....

....

Hoy fue un día difícil porque:

....

....

....

....

....

....

....

Mi emoción negativa más fuerte fue:

....

Otras palabras que podría utilizar para
describir ese sentimiento son:

....

....

....

Me sentí así por:

- ☐ Expectativas insatisfechas
- ☐ Mala comunicación
- ☐ Bloqueado intenciones

Me acordé de usar mis recordatorios hoy:

☐ Sí ☐ No

Puedo hacer que el día de hoy sea aún mejor para mí si hago esto:

....

....

....

....

....

....

....

Fecha ....

Hoy, quiero enfocarme en sentirme:

....

Mis 5 acciones principales para lograr el
sentimiento que deseo son:

....

....

....

....

....

Si me siento molesta, me recordaré a mí
misma que debo dejarlo pasar con las
siguientes palabras, frases o acciones:

....

....

....

He sido capaz de centrarme en los sentimientos que he elegido:

☐ La mayor parte del tiempo

☐ Alrededor del 50% del tiempo

☐ Algunas veces

☐ Hoy ha sido un verdadero reto

Hoy fue un buen día porque:

....

....

....

....

....

....

....

....

....

Hoy fue un día difícil porque:

....

....

....

....

....

....

Mi emoción negativa más fuerte fue:

....

Otras palabras que podría utilizar para
describir ese sentimiento son:

....

....

....

Me sentí así por:

- ☐ Expectativas insatisfechas
- ☐ Mala comunicación
- ☐ Bloqueado intenciones

Me acordé de usar mis recordatorios hoy:

☐ Sí ☐ No

Puedo hacer que el día de hoy sea aún mejor para mí si hago esto:

....

....

....

....

....

....

Fecha ....

Hoy, quiero enfocarme en sentirme:

....

Mis 5 acciones principales para lograr el
sentimiento que deseo son:

....

....

....

....

....

Si me siento molesta, me recordaré a mí
misma que debo dejarlo pasar con las
siguientes palabras, frases o acciones:

....

....

....

He sido capaz de centrarme en los sentimientos que he elegido:

☐ La mayor parte del tiempo

☐ Alrededor del 50% del tiempo

☐ Algunas veces

☐ Hoy ha sido un verdadero reto

Hoy fue un buen día porque:

....

....

....

....

....

....

....

....

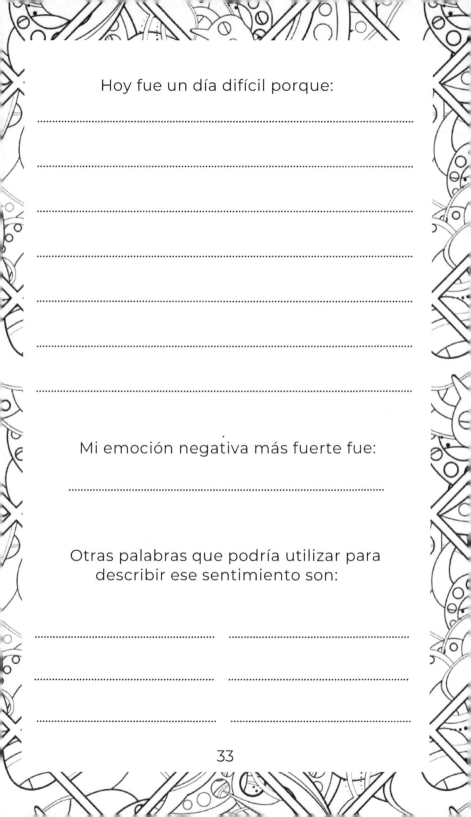

Hoy fue un día difícil porque:

....

....

....

....

....

....

Mi emoción negativa más fuerte fue:

....

Otras palabras que podría utilizar para
describir ese sentimiento son:

....

....

....

Me sentí así por:

☐ Expectativas insatisfechas

☐ Mala comunicación

☐ Bloqueado intenciones

Me acordé de usar mis recordatorios hoy:

☐ Sí ☐ No

Puedo hacer que el día de hoy sea aún
mejor para mí si hago esto:

....

....

....

....

....

....

Fecha ....

Hoy, quiero enfocarme en sentirme:

....

Mis 5 acciones principales para lograr el sentimiento que deseo son:

....

....

....

....

....

Si me siento molesta, me recordaré a mí misma que debo dejarlo pasar con las siguientes palabras, frases o acciones:

....

....

....

He sido capaz de centrarme en los sentimientos que he elegido:

☐ La mayor parte del tiempo

☐ Alrededor del 50% del tiempo

☐ Algunas veces

☐ Hoy ha sido un verdadero reto

Hoy fue un buen día porque:

....

....

....

....

....

....

....

Hoy fue un día difícil porque:

....

....

....

....

....

....

....

Mi emoción negativa más fuerte fue:

....

Otras palabras que podría utilizar para describir ese sentimiento son:

....

....

....

Me sentí así por:

- ☐ Expectativas insatisfechas
- ☐ Mala comunicación
- ☐ Bloqueado intenciones

Me acordé de usar mis recordatorios hoy:

☐ Sí ☐ No

Puedo hacer que el día de hoy sea aún mejor para mí si hago esto:

....

....

....

....

....

....

Fecha ....

Hoy, quiero enfocarme en sentirme:

....

Mis 5 acciones principales para lograr el
sentimiento que deseo son:

....

....

....

....

Si me siento molesta, me recordaré a mí
misma que debo dejarlo pasar con las
siguientes palabras, frases o acciones:

....

....

....

He sido capaz de centrarme en los sentimientos que he elegido:

☐ La mayor parte del tiempo

☐ Alrededor del 50% del tiempo

☐ Algunas veces

☐ Hoy ha sido un verdadero reto

Hoy fue un buen día porque:

....

....

....

....

....

....

....

....

Hoy fue un día difícil porque:

....

....

....

....

....

....

Mi emoción negativa más fuerte fue:

....

Otras palabras que podría utilizar para describir ese sentimiento son:

....

....

....

Me sentí así por:

☐ Expectativas insatisfechas

☐ Mala comunicación

☐ Bloqueado intenciones

Me acordé de usar mis recordatorios hoy:

☐ Sí ☐ No

Puedo hacer que el día de hoy sea aún mejor para mí si hago esto:

....

....

....

....

....

....

....

Fecha ....

Hoy, quiero enfocarme en sentirme:

....

Mis 5 acciones principales para lograr el sentimiento que deseo son:

....

....

....

....

....

Si me siento molesta, me recordaré a mí misma que debo dejarlo pasar con las siguientes palabras, frases o acciones:

....

....

....

He sido capaz de centrarme en los sentimientos que he elegido:

☐ La mayor parte del tiempo

☐ Alrededor del 50% del tiempo

☐ Algunas veces

☐ Hoy ha sido un verdadero reto

Hoy fue un buen día porque:

....

....

....

....

....

....

....

....

Hoy fue un día difícil porque:

....

....

....

....

....

....

Mi emoción negativa más fuerte fue:

....

Otras palabras que podría utilizar para
describir ese sentimiento son:

....

....

....

Me sentí así por:

☐ Expectativas insatisfechas

☐ Mala comunicación

☐ Bloqueado intenciones

Me acordé de usar mis recordatorios hoy:

☐ Sí ☐ No

Puedo hacer que el día de hoy sea aún mejor para mí si hago esto:

....

....

....

....

....

....

....

Fecha ....

Hoy, quiero enfocarme en sentirme:

....

Mis 5 acciones principales para lograr el
sentimiento que deseo son:

....

....

....

....

....

Si me siento molesta, me recordaré a mí
misma que debo dejarlo pasar con las
siguientes palabras, frases o acciones:

....

....

....

47

He sido capaz de centrarme en los sentimientos que he elegido:

- ☐ La mayor parte del tiempo
- ☐ Alrededor del 50% del tiempo
- ☐ Algunas veces
- ☐ Hoy ha sido un verdadero reto

Hoy fue un buen día porque:

....

....

....

....

....

....

....

....

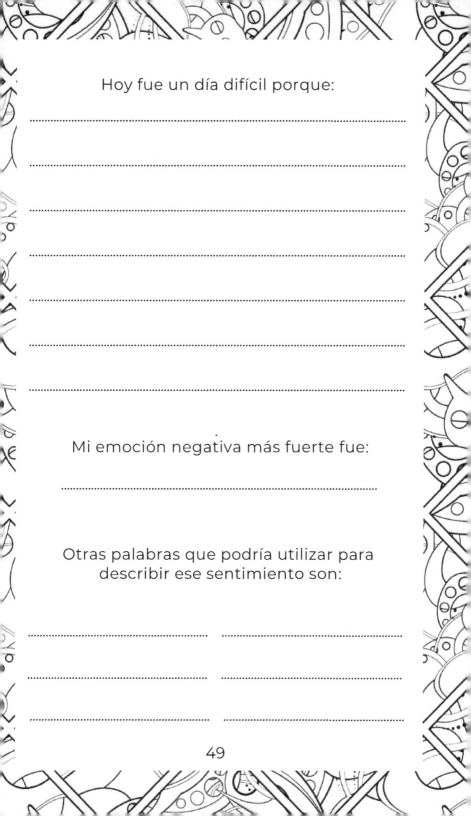

Hoy fue un día difícil porque:

....

....

....

....

....

....

....

Mi emoción negativa más fuerte fue:

....

Otras palabras que podría utilizar para describir ese sentimiento son:

....

....

....

Me sentí así por:

☐ Expectativas insatisfechas

☐ Mala comunicación

☐ Bloqueado intenciones

Me acordé de usar mis recordatorios hoy:

☐ Sí ☐ No

Puedo hacer que el día de hoy sea aún mejor para mí si hago esto:

....

....

....

....

....

....

Fecha ....

Hoy, quiero enfocarme en sentirme:

....

Mis 5 acciones principales para lograr el
sentimiento que deseo son:

....

....

....

....

....

Si me siento molesta, me recordaré a mí
misma que debo dejarlo pasar con las
siguientes palabras, frases o acciones:

....

....

....

He sido capaz de centrarme en los sentimientos que he elegido:

- ☐ La mayor parte del tiempo
- ☐ Alrededor del 50% del tiempo
- ☐ Algunas veces
- ☐ Hoy ha sido un verdadero reto

Hoy fue un buen día porque:

....

....

....

....

....

....

....

....

Hoy fue un día difícil porque:

....

....

....

....

....

....

....

Mi emoción negativa más fuerte fue:

....

Otras palabras que podría utilizar para
describir ese sentimiento son:

....

....

....

Me sentí así por:

☐ Expectativas insatisfechas

☐ Mala comunicación

☐ Bloqueado intenciones

Me acordé de usar mis recordatorios hoy:

☐ Sí ☐ No

Puedo hacer que el día de hoy sea aún mejor para mí si hago esto:

....

....

....

....

....

....

....

Fecha ....

Hoy, quiero enfocarme en sentirme:

....

Mis 5 acciones principales para lograr el
sentimiento que deseo son:

....

....

....

....

Si me siento molesta, me recordaré a mí
misma que debo dejarlo pasar con las
siguientes palabras, frases o acciones:

....

....

....

He sido capaz de centrarme en los sentimientos que he elegido:

☐ La mayor parte del tiempo

☐ Alrededor del 50% del tiempo

☐ Algunas veces

☐ Hoy ha sido un verdadero reto

Hoy fue un buen día porque:

....

....

....

....

....

....

....

....

Hoy fue un día difícil porque:

....

....

....

....

....

....

....

Mi emoción negativa más fuerte fue:

....

Otras palabras que podría utilizar para
describir ese sentimiento son:

....

....

....

Me sentí así por:

- ☐ Expectativas insatisfechas
- ☐ Mala comunicación
- ☐ Bloqueado intenciones

Me acordé de usar mis recordatorios hoy:

☐ Sí ☐ No

Puedo hacer que el día de hoy sea aún mejor para mí si hago esto:

....

....

....

....

....

....

....

Fecha ....

Hoy, quiero enfocarme en sentirme

....

Mis 5 acciones principales para lograr el
sentimiento que deseo son:

....

....

....

....

....

Si me siento molesta, me recordaré a mí
misma que debo dejarlo pasar con las
siguientes palabras, frases o acciones:

....

....

....

He sido capaz de centrarme en los sentimientos que he elegido:

- [ ] La mayor parte del tiempo
- [ ] Alrededor del 50% del tiempo
- [ ] Algunas veces
- [ ] Hoy ha sido un verdadero reto

Hoy fue un buen día porque:

....

....

....

....

....

....

....

....

Hoy fue un día difícil porque:

....

....

....

....

....

....

....

Mi emoción negativa más fuerte fue:

....

Otras palabras que podría utilizar para
describir ese sentimiento son:

....

....

....

Me sentí así por:

☐ Expectativas insatisfechas

☐ Mala comunicación

☐ Bloqueado intenciones

Me acordé de usar mis recordatorios hoy:

☐ Sí ☐ No

Puedo hacer que el día de hoy sea aún mejor para mí si hago esto:

....

....

....

....

....

....

Fecha ....

Hoy, quiero enfocarme en sentirme:

....

Mis 5 acciones principales para lograr el sentimiento que deseo son:

....

....

....

....

....

Si me siento molesta, me recordaré a mí misma que debo dejarlo pasar con las siguientes palabras, frases o acciones:

....

....

....

He sido capaz de centrarme en los sentimientos que he elegido:

- ☐ La mayor parte del tiempo
- ☐ Alrededor del 50% del tiempo
- ☐ Algunas veces
- ☐ Hoy ha sido un verdadero reto

Hoy fue un buen día porque:

....

....

....

....

....

....

....

....

Hoy fue un día difícil porque:

....

....

....

....

....

....

Mi emoción negativa más fuerte fue:

....

Otras palabras que podría utilizar para
describir ese sentimiento son:

....

....

....

Me sentí así por:

☐ Expectativas insatisfechas

☐ Mala comunicación

☐ Bloqueado intenciones

Me acordé de usar mis recordatorios hoy:

☐ Sí ☐ No

Puedo hacer que el día de hoy sea aún mejor para mí si hago esto:

....

....

....

....

....

....

Fecha ....

Hoy, quiero enfocarme en sentirme:

....

Mis 5 acciones principales para lograr el
sentimiento que deseo son:

....

....

....

....

....

Si me siento molesta, me recordaré a mí
misma que debo dejarlo pasar con las
siguientes palabras, frases o acciones:

....

....

....

He sido capaz de centrarme en los sentimientos que he elegido:

☐ La mayor parte del tiempo

☐ Alrededor del 50% del tiempo

☐ Algunas veces

☐ Hoy ha sido un verdadero reto

Hoy fue un buen día porque:

....

....

....

....

....

....

....

....

Hoy fue un día difícil porque:

....

....

....

....

....

....

Mi emoción negativa más fuerte fue:

....

Otras palabras que podría utilizar para
describir ese sentimiento son:

....

....

....

Me sentí así por:

- ☐ Expectativas insatisfechas
- ☐ Mala comunicación
- ☐ Bloqueado intenciones

Me acordé de usar mis recordatorios hoy:

☐ Sí ☐ No

Puedo hacer que el día de hoy sea aún mejor para mí si hago esto:

....

....

....

....

....

....

....

Fecha ....

Hoy, quiero enfocarme en sentirme:

....

Mis 5 acciones principales para lograr el
sentimiento que deseo son:

....

....

....

....

....

Si me siento molesta, me recordaré a mí
misma que debo dejarlo pasar con las
siguientes palabras, frases o acciones:

....

....

....

He sido capaz de centrarme en los sentimientos que he elegido:

☐ La mayor parte del tiempo

☐ Alrededor del 50% del tiempo

☐ Algunas veces

☐ Hoy ha sido un verdadero reto

Hoy fue un buen día porque:

....

....

....

....

....

....

....

....

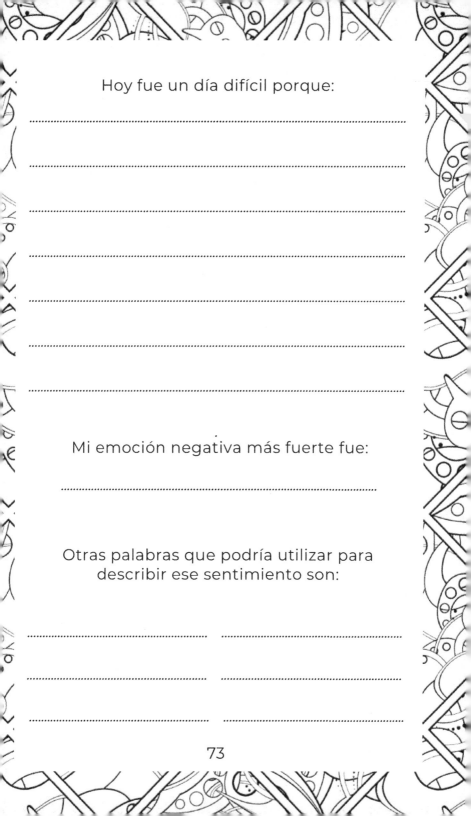

Hoy fue un día difícil porque:

....

....

....

....

....

....

....

Mi emoción negativa más fuerte fue:

....

Otras palabras que podría utilizar para
describir ese sentimiento son:

....

....

....

Me sentí así por:

- ☐ Expectativas insatisfechas
- ☐ Mala comunicación
- ☐ Bloqueado intenciones

Me acordé de usar mis recordatorios hoy:

☐ Sí ☐ No

Puedo hacer que el día de hoy sea aún mejor para mí si hago esto:

....

....

....

....

....

....

Fecha ....

Hoy, quiero enfocarme en sentirme:

....

Mis 5 acciones principales para lograr el
sentimiento que deseo son:

....

....

....

....

....

Si me siento molesta, me recordaré a mí
misma que debo dejarlo pasar con las
siguientes palabras, frases o acciones:

....

....

....

75

He sido capaz de centrarme en los sentimientos que he elegido:

☐ La mayor parte del tiempo

☐ Alrededor del 50% del tiempo

☐ Algunas veces

☐ Hoy ha sido un verdadero reto

Hoy fue un buen día porque:

....

....

....

....

....

....

....

....

Hoy fue un día difícil porque:

....

....

....

....

....

....

Mi emoción negativa más fuerte fue:

....

Otras palabras que podría utilizar para
describir ese sentimiento son:

....

....

....

Me sentí así por:

- ☐ Expectativas insatisfechas
- ☐ Mala comunicación
- ☐ Bloqueado intenciones

Me acordé de usar mis recordatorios hoy:

☐ Sí ☐ No

Puedo hacer que el día de hoy sea aún mejor para mí si hago esto:

....

....

....

....

....

....

Fecha ....

Hoy, quiero enfocarme en sentirme:

....

Mis 5 acciones principales para lograr el
sentimiento que deseo son:

....

....

....

....

Si me siento molesta, me recordaré a mí
misma que debo dejarlo pasar con las
siguientes palabras, frases o acciones:

....

....

....

He sido capaz de centrarme en los sentimientos que he elegido:

- [ ] La mayor parte del tiempo
- [ ] Alrededor del 50% del tiempo
- [ ] Algunas veces
- [ ] Hoy ha sido un verdadero reto

Hoy fue un buen día porque:

....

....

....

....

....

....

....

....

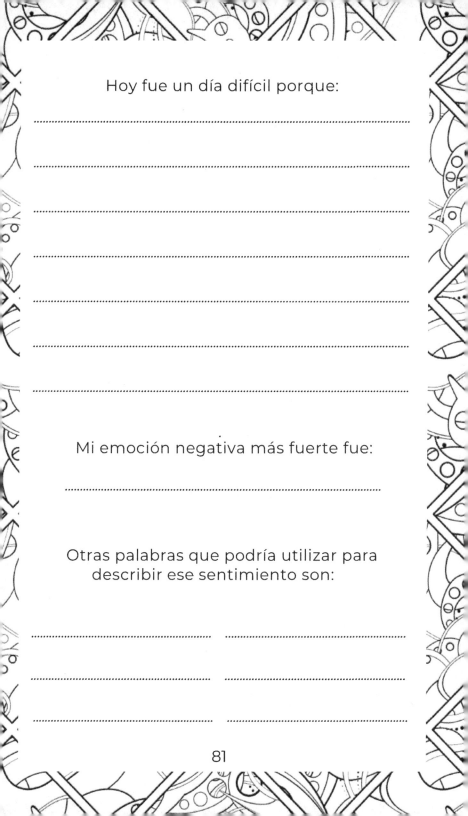

Hoy fue un día difícil porque:

....

....

....

....

....

....

....

Mi emoción negativa más fuerte fue:

....

Otras palabras que podría utilizar para
describir ese sentimiento son:

....

....

....

Me sentí así por:

☐ Expectativas insatisfechas

☐ Mala comunicación

☐ Bloqueado intenciones

Me acordé de usar mis recordatorios hoy:

☐ Sí ☐ No

Puedo hacer que el día de hoy sea aún mejor para mí si hago esto:

....

....

....

....

....

....

....

Fecha ....

Hoy, quiero enfocarme en sentirme:

....

Mis 5 acciones principales para lograr el
sentimiento que deseo son:

....

....

....

....

....

Si me siento molesta, me recordaré a mí
misma que debo dejarlo pasar con las
siguientes palabras, frases o acciones:

....

....

....

He sido capaz de centrarme en los sentimientos que he elegido:

☐ La mayor parte del tiempo

☐ Alrededor del 50% del tiempo

☐ Algunas veces

☐ Hoy ha sido un verdadero reto

Hoy fue un buen día porque:

....

....

....

....

....

....

....

....

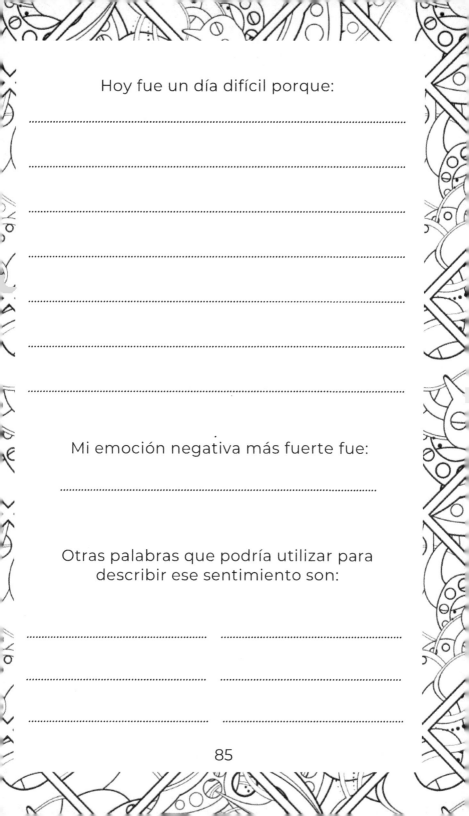

Hoy fue un día difícil porque:

....

....

....

....

....

....

....

Mi emoción negativa más fuerte fue:

....

Otras palabras que podría utilizar para
describir ese sentimiento son:

....

....

....

Me sentí así por:

- ☐ Expectativas insatisfechas
- ☐ Mala comunicación
- ☐ Bloqueado intenciones

Me acordé de usar mis recordatorios hoy:

☐ Sí ☐ No

Puedo hacer que el día de hoy sea aún
mejor para mí si hago esto:

....

....

....

....

....

....

....

Fecha ....

Hoy, quiero enfocarme en sentirme:

....

Mis 5 acciones principales para lograr el
sentimiento que deseo son:

....

....

....

....

....

Si me siento molesta, me recordaré a mí
misma que debo dejarlo pasar con las
siguientes palabras, frases o acciones:

....

....

....

He sido capaz de centrarme en los sentimientos que he elegido:

☐ La mayor parte del tiempo

☐ Alrededor del 50% del tiempo

☐ Algunas veces

☐ Hoy ha sido un verdadero reto

Hoy fue un buen día porque:

....

....

....

....

....

....

....

....

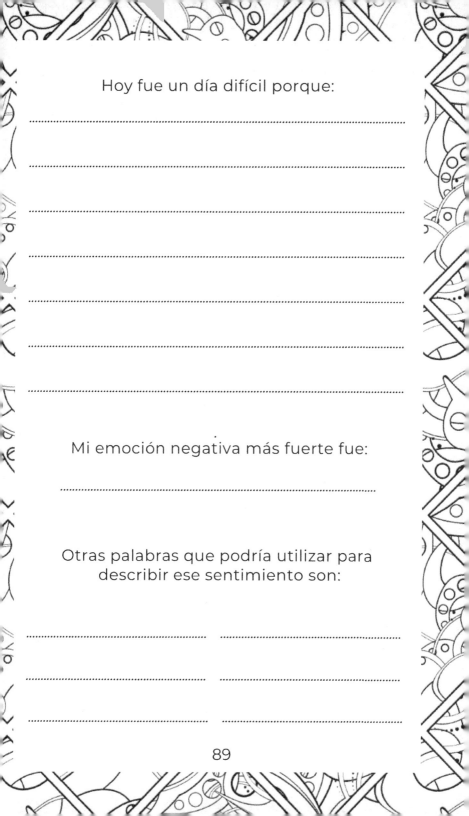

Hoy fue un día difícil porque:

....

....

....

....

....

....

....

Mi emoción negativa más fuerte fue:

....

Otras palabras que podría utilizar para
describir ese sentimiento son:

....

....

....

Me sentí así por:

☐ Expectativas insatisfechas

☐ Mala comunicación

☐ Bloqueado intenciones

Me acordé de usar mis recordatorios hoy:

☐ Sí ☐ No

Puedo hacer que el día de hoy sea aún
mejor para mí si hago esto:

....

....

....

....

....

....

Fecha ....

Hoy, quiero enfocarme en sentirme:

....

Mis 5 acciones principales para lograr el
sentimiento que deseo son:

....

....

....

....

....

Si me siento molesta, me recordaré a mí
misma que debo dejarlo pasar con las
siguientes palabras, frases o acciones:

....

....

....

He sido capaz de centrarme en los sentimientos que he elegido:

- [ ] La mayor parte del tiempo
- [ ] Alrededor del 50% del tiempo
- [ ] Algunas veces
- [ ] Hoy ha sido un verdadero reto

Hoy fue un buen día porque:

....

....

....

....

....

....

....

....

Hoy fue un día difícil porque:

....

....

....

....

....

....

Mi emoción negativa más fuerte fue:

....

Otras palabras que podría utilizar para
describir ese sentimiento son:

....

....

....

Me sentí así por:

- ☐ Expectativas insatisfechas
- ☐ Mala comunicación
- ☐ Bloqueado intenciones

Me acordé de usar mis recordatorios hoy:

☐ Sí ☐ No

Puedo hacer que el día de hoy sea aún mejor para mí si hago esto:

....

....

....

....

....

....

....

94

Sección 3
Hazte cargo de tu estado de ánimo

'Cualquier persona capaz de enfadarte se convierte en tu maestro."

~ Epictetus

INSTRUCCIONES

¡¡Vamos a trabajar en dominar tus emociones!

Utiliza esta sección siempre que tengas una emoción difícil de liberar o un desacuerdo que quieras resolver.

Las indicaciones del diario te guiarán a través de las cinco preguntas para ayudarte a entender y liberar tus emociones no deseadas. También te guiará en la creación de soluciones beneficiosas para todos.

Lee toda esta sección para familiarizarte con las preguntas antes de empezar. Dedica tiempo a pensar en cada una de las preguntas y sé consciente de tus respuestas. Si te quedas atascada, vuelve a los capítulos correspondientes del libro para ver algunos ejemplos.

Te darás cuenta de que todas las preguntas se refieren a cómo te sientes TÚ y a lo que TÚ puedes hacer de forma diferente, en lugar del cómo otra persona podría ser diferente. Centrarse en la culpa o en desear que la otra persona cambie te pondrá en una posición de impotencia, ya que no puedes controlar a otra persona.

Al enfocarte en tus pensamientos, sentimientos y acciones, te conviertes en la dueña de tus emociones. Con calma y claridad, puedes centrarte en lo que TÚ puedes hacer para avanzar hacia tus objetivos.

Debes estar dispuesta a ver tus situaciones de manera diferente con el objetivo de crear una solución en la que todos salgan ganando. Sé creativa con tus soluciones. Tus acciones pueden mejorar significativamente tus relaciones con los demás y contigo misma.

¿Qué pasó?

¿Qué estoy sintiendo? (Capítulo 2)

....

....

....

¿Por qué me siento así? (Capítulo 3)

☐ Expectativas insatisfechas

☐ Mala comunicación

☐ Intenciones bloqueadas

☐ Todo lo anterior

¿Cuáles eran mis expectativas?

....

....

....

....

....

Eran mis expectativas realistas para esta situación?

☐ sí   ☐ no

¿Cómo puedo cambiar mis expectativas para que sean más realistas para esta situación?

....

....

....

....

....

....

....

....

....

....

. ¿Cuáles eran mis intenciones?

....

....

....

....

....

¿He comunicado claramente mis
expectativas e intenciones?

☐ sí   ☐ no

¿Cómo puedo comunicarme más
eficazmente la próxima vez?

....

....

....

....

¿Ocurrió algo que me impidió hacer lo que pretendía hacer?

☐ sí   ☐ no

¿Cómo contribuyó eso al problema?

....

....

....

....

¿Qué puedo hacer para prevenirlo la próxima vez?

....

....

....

....

¿Cuáles eran las expectativas o intenciones de la otra persona o personas?

....

....

....

....

....

....

....

....

....

¿He entendido bien las expectativas o intenciones de la otra persona o personas?

☐ sí   ☐ no

¿Qué podrías haber hecho de forma diferente para entender tus expectativas o intenciones?

....

....

....

....

....

¿Cómo pudo haber sido el resultado si hubieras entendido tus expectativas o intenciones?

....

....

....

....

....

¿Esta emoción es útil para algo? (Capítulo 4)

☐ sí   ☐ no

En caso afirmativo, ¿cómo puedo utilizar esta emoción para ser feliz o crecer como persona?

....

....

....

....

....

....

....

....

Si esta emoción no es útil, ¿estoy dispuesta a dejarla ir?

☐ sí   ☐ no

¿Cómo puedo ver esto de forma diferente? (Capítulo 5)

¿Cuáles son los posibles resultados **positivos** de elegir tener la razón?

....

....

....

....

....

¿Cuáles son los posibles resultados **negativos** de elegir tener la razón?

....

....

....

....

....

¿Cuáles son los posibles resultados **positivos** de elegir ser feliz?

....

....

....

....

....

....

¿Cuáles son los posibles resultados **negativos** de elegir ser feliz?

....

....

....

....

....

....

¿Cómo puedo comunicar claramente mis objetivos y expectativas a la otra persona?

....

....

....

....

....

....

¿Qué puedo hacer para mantener una actitud positiva mientras me concentro en crear un resultado de beneficio mutuo para todos los involucrados?

....

....

....

....

....

¿Prefiero tener la razón o ser feliz? (Capítulo 6)

☐ sí ☐ no

¿Con qué podría ser feliz ahora mismo, sabiendo que es sólo un primer paso hacia mi objetivo final?

....

....

....

....

....

....

....

....

....

Para lograr mis objetivos, ¿qué puedo elegir EMPEZAR a hacer? (Capítulo 9)

....

....

....

....

....

....

¿Qué puedo elegir DEJAR de hacer?

....

....

....

....

....

....

¿Qué puedo elegir CONTINUAR haciendo?

....

....

....

....

....

....

Responder a todas estas preguntas me ha
ayudado a darme cuenta de que...

....

....

....

....

....

....

¿Cuáles han sido los resultados de mi nueva
actitud y de mi enfoque en crear una solución
en la que todos salgan ganando?

....

....

....

....

....

....

¿Qué más puedo hacer para lograr
mi objetivo?

....

....

....

....

....

....

¿Qué pasó?

....

....

....

....

....

....

....

....

....

....

....

....

¿Qué estoy sintiendo? (Capítulo 2)

....

....

....

¿Por qué me siento así? (Capítulo 3)

☐ Expectativas insatisfechas

☐ Mala comunicación

☐ Intenciones bloqueadas

☐ Todo lo anterior

¿Cuáles eran mis expectativas?

....

....

....

....

....

Eran mis expectativas realistas para esta situación?

☐ sí   ☐ no

¿Cómo puedo cambiar mis expectativas para que sean más realistas para esta situación?

....

....

....

....

....

....

....

....

....

....

. ¿Cuáles eran mis intenciones?

....

....

....

....

....

¿He comunicado claramente mis
expectativas e intenciones?

☐ sí   ☐ no

¿Cómo puedo comunicarme más
eficazmente la próxima vez?

....

....

....

....

¿Ocurrió algo que me impidió hacer
lo que pretendía hacer?

☐ sí   ☐ no

¿Cómo contribuyó eso al problema?

....

....

....

....

....

¿Qué puedo hacer para prevenirlo
la próxima vez?

....

....

....

....

¿Cuáles eran las expectativas o intenciones de la otra persona o personas?

....

....

....

....

....

....

....

....

....

¿He entendido bien las expectativas o intenciones de la otra persona o personas?

☐ sí   ☐ no

¿Qué podrías haber hecho de forma diferente para entender tus expectativas o intenciones?

....

....

....

....

....

¿Cómo pudo haber sido el resultado si hubieras entendido tus expectativas o intenciones?

....

....

....

....

....

¿Esta emoción es útil para algo? (Capítulo 4)

☐ sí   ☐ no

En caso afirmativo, ¿cómo puedo utilizar esta emoción para ser feliz o crecer como persona?

....

....

....

....

....

....

....

Si esta emoción no es útil, ¿estoy dispuesta a dejarla ir?

☐ sí   ☐ no

¿Cómo puedo ver esto de forma diferente? (Capítulo 5)

- ....
- ....
- ....
- ....
- ....
- ....
- ....
- ....
- ....
- ....
- ....
- ....

¿Cuáles son los posibles resultados **positivos** de elegir tener la razón?

....

....

....

....

....

¿Cuáles son los posibles resultados **negativos** de elegir tener la razón?

....

....

....

....

....

¿Cuáles son los posibles resultados **positivos** de elegir ser feliz?

....

....

....

....

....

....

¿Cuáles son los posibles resultados **negativos** de elegir ser feliz?

....

....

....

....

....

....

¿Cómo puedo comunicar claramente mis objetivos y expectativas a la otra persona?

....

....

....

....

....

¿Qué puedo hacer para mantener una actitud positiva mientras me concentro en crear un resultado de beneficio mutuo para todos los involucrados?

....

....

....

....

....

¿Prefiero tener la razón o ser feliz? (Capítulo 6)

☐ sí   ☐ no

¿Con qué podría ser feliz ahora mismo, sabiendo que es sólo un primer paso hacia mi objetivo final?

....

....

....

....

....

....

....

....

....

Para lograr mis objetivos, ¿qué puedo elegir
EMPEZAR a hacer? (Capítulo 9)

....

....

....

....

....

¿Qué puedo elegir DEJAR de hacer?

....

....

....

....

....

¿Qué puedo elegir CONTINUAR haciendo?

....

....

....

....

....

....

Responder a todas estas preguntas me ha
ayudado a darme cuenta de que...

....

....

....

....

....

¿Cuáles han sido los resultados de mi nueva actitud y de mi enfoque en crear una solución en la que todos salgan ganando?

....

....

....

....

....

¿Qué más puedo hacer para lograr mi objetivo?

....

....

....

....

....

....

¿Qué pasó?

....

....

....

....

....

....

....

....

....

....

....

....

¿Qué estoy sintiendo? (Capítulo 2)

....

....

....

¿Por qué me siento así? (Capítulo 3)

☐ Expectativas insatisfechas

☐ Mala comunicación

☐ Intenciones bloqueadas

☐ Todo lo anterior

¿Cuáles eran mis expectativas?

....

....

....

....

....

Eran mis expectativas realistas para esta situación?

☐ sí   ☐ no

¿Cómo puedo cambiar mis expectativas para que sean más realistas para esta situación?

....

....

....

....

....

....

....

....

....

. ¿Cuáles eran mis intenciones?

....

....

....

....

....

¿He comunicado claramente mis
expectativas e intenciones?

☐ sí   ☐ no

¿Cómo puedo comunicarme más
eficazmente la próxima vez?

....

....

....

....

¿Ocurrió algo que me impidió hacer
lo que pretendía hacer?

☐ sí   ☐ no

¿Cómo contribuyó eso al problema?

....

....

....

....

....

¿Qué puedo hacer para prevenirlo
la próxima vez?

....

....

....

....

135

¿Cuáles eran las expectativas o intenciones de la otra persona o personas?

....

....

....

....

....

....

....

....

....

¿He entendido bien las expectativas o intenciones de la otra persona o personas?

☐ sí   ☐ no

¿Qué podrías haber hecho de forma diferente para entender tus expectativas o intenciones?

....

....

....

....

....

¿Cómo pudo haber sido el resultado si hubieras entendido tus expectativas o intenciones?

....

....

....

....

....

¿Esta emoción es útil para algo? (Capítulo 4)

☐ sí   ☐ no

En caso afirmativo, ¿cómo puedo utilizar esta emoción para ser feliz o crecer como persona?

....

....

....

....

....

....

....

Si esta emoción no es útil, ¿estoy dispuesta a dejarla ir?

☐ sí   ☐ no

¿Cómo puedo ver esto de forma diferente? (Capítulo 5)

....

....

....

....

....

....

....

....

....

....

....

....

....

¿Cuáles son los posibles resultados **positivos** de elegir tener la razón?

....

....

....

....

....

¿Cuáles son los posibles resultados **negativos** de elegir tener la razón?

....

....

....

....

....

¿Cuáles son los posibles resultados
positivos de elegir ser feliz?

....

....

....

....

....

¿Cuáles son los posibles resultados
negativos de elegir ser feliz?

....

....

....

....

....

....

¿Cómo puedo comunicar claramente mis objetivos y expectativas a la otra persona?

....

....

....

....

....

....

¿Qué puedo hacer para mantener una actitud positiva mientras me concentro en crear un resultado de beneficio mutuo para todos los involucrados?

....

....

....

....

....

....

¿Prefiero tener la razón o ser feliz? (Capítulo 6)

☐ sí   ☐ no

¿Con qué podría ser feliz ahora mismo,
sabiendo que es sólo un primer paso hacia
mi objetivo final?

....

....

....

....

....

....

....

....

....

....

Para lograr mis objetivos, ¿qué puedo elegir EMPEZAR a hacer? (Capítulo 9)

....

....

....

....

....

¿Qué puedo elegir DEJAR de hacer?

....

....

....

....

....

¿Qué puedo elegir CONTINUAR haciendo?

....

....

....

....

....

....

Responder a todas estas preguntas me ha
ayudado a darme cuenta de que...

....

....

....

....

....

....

¿Cuáles han sido los resultados de mi nueva actitud y de mi enfoque en crear una solución en la que todos salgan ganando?

....

....

....

....

....

¿Qué más puedo hacer para lograr mi objetivo?

....

....

....

....

....

....

SOBRE EL AUTOR

Jacqui Letran es una autora galardonada, enfermera y experta en confianza para adolescentes con más de 20 años de experiencia guiando a los jóvenes hacia una salud física y mental óptima.

Su serie de libros, *Words of Wisdom for Teens (Palabras de Sabiduría para Adolescentes)*, ha sido galardonada con dieciséis premios y está considerada como una colección de libros de lectura obligatoria para adolescentes y jóvenes que luchan contra la baja autoestima, la ansiedad o la depresión.

A través de sus escritos, sesiones con clientes y conferencias magistrales, Jacqui enseña que el éxito y la felicidad son alcanzables para todos, independientemente de las luchas y circunstancias actuales. Jacqui es una líder talentosa y enérgica que dedica el trabajo de su vida a ayudar a los adolescentes a crear una mentalidad poderosa y resistente para ser felices y exitosos en la vida.

Una ávida aventurera, Jacqui pasa la mayor parte del año explorando los Estados Unidos en su autocaravana con su marido, 5 gatos y un perro. Cuando no está viajando, Jacqui puede encontrarse tomando el sol y sonriendo en Dunedin, Florida.